Quartier

C/ Trafalgar, 10, entlo. 1ª
08010 Barcelona
Tel (+34) 93 268 03 00
Fax (+34) 93 310 33 40
editorial@difusion.com

www.difusion.com

Collection :
« Aventure jeune »

Auteur :
Anne Rommeru

Édition :
Agustín Garmendia et Eulàlia Mata

Conception graphique et couverture :
Enric Font

Illustration de couverture :
Man

Illustrations intérieures :
Man + Frad

Notes et activités :
Agnès Aubertot

Correction :
Josette-Noëlle Carlier Vaubourg

ISBN: 84-8443-171-1
Dépôt légal: M-23.400-2004

Imprimé en Espagne par Raro, S.L.

Quartier libre

Anne Rommeru

Personnages

Les Durand : MADAME DURAND

MARC, leur fils, alias « ruler »[1] sur le web : quand il n'est pas devant son ordinateur, c'est qu'il est dans le magasin Gigabytes, un magasin d'informatique, sa deuxième maison.

Les jeunes du quartier des Deux Tours :

CHRISTOPHE, dit Toff : sa mobylette est toujours en panne et quand elle marche, elle fait un bruit d'enfer.

IMED, dit Mémed, un jeune « beur ».[2]

SALIMA, sa sœur.

MANUEL, alias Manu. Ses parents viennent de la Guadeloupe.[3]

Le prof de maths, MONSIEUR LACOTTE.

---

1. **ruler :** (anglicisme) souverain, chef. N'est pas très employé.
2. **un « beur » :** (verlan) un Français né de parents immigrés du Maghreb (Afrique du Nord).
3. **la Guadeloupe :** département français d'Outre-mer situé dans les Petites Antilles. La Guadeloupe est un archipel.

Aux Deux Tours

C'est l'été et bientôt les vacances. Dans le quartier des Deux Tours, une banlieue[4] de Paris, un garçon arrive en mobylette. Il klaxonne. Manuel ouvre la fenêtre du rez-de-chaussée.

MANUEL   Eh Toff ! Qu'est-ce que tu fous ?[5] T'es pas en cours cet aprèm ?[6]

CHRISTOPHE   Non ! La prof de français est malade ! C'est cool, hein ?

MANUEL   Ouais.[7] Mais c'est quoi ce bruit d'enfer ? C'est encore ta mob[8] qui...

CHRISTOPHE   Ah !... C'est la galère ![9] Elle est toujours en panne. C'est toujours la même chose ! Mais oh, Manu ! Tu veux pas venir ? Je vais faire des courses pour ma mère. Je vais à la poissonnerie. Aujourd'hui c'est vendredi. Et tu connais ma mère : le vendredi, c'est poisson!

MANUEL   Ouais... mais on rentre pas tard ! J'ai écrit un nouveau texte. Alors après la poissonnerie,

---

4. **une banlieue :** une ville située dans la périphérie d'une grande ville.

5. **fous :** (familier) verbe « foutre » qui signifie faire. Employé surtout par les jeunes et les adultes.

6. **un aprèm :** (familier) abréviation pour « après-midi ». Très utilisé à l'oral par les enfants et les adolescents.

7. **ouais :** (familier) oui. Très utilisé à l'oral.

8. **une mob :** (familier) abréviation pour mobylette.

9. **c'est la galère :** (familier) expression qui sert à qualifier une situation difficile, un travail pénible. Très employée par les jeunes.

on sonne chez Mémed ? Je vous lis mon texte et on essaie de trouver une musique ?

CHRISTOPHE   OK ! Mais Mémed le vendredi après-midi, il est au foot, je crois. Mais on peut toujours essayer. Et puis, si Salima est là…

MANUEL   Oh, arrête ! Elle est sympa, Salima, mais c'est tout. Et puis, Mémed, il aime pas qu'on parle à Salima.

CHRISTOPHE   Ouais, mais quand tu l'aides pour ses devoirs, Salima, il est pas contre, Mémed.

MANUEL   Arrête Toff ! Tu sais ce qu'il dit Mémed : « Vous, vous êtes pas assez bien pour ma sœur, les mecs ![10] Alors je veux pas vous voir flirter avec elle. OK ? » Et comme leur père est parti travailler à Dunkerque,[11] maintenant c'est Mémed qui s'occupe de sa sœurette. Sa mère, elle a pas le temps avec son nouveau travail. Un vrai père, ce Mémed. Il dit qu'il faut que Salima travaille bien à l'école pour pas finir au chômage comme beaucoup de gens ici. Il est drôle Mémed ! Il est pas très sérieux, mais quand il parle de Salima, alors là… Attention ! Bon, mais attends-moi, j'arrive !

CHRISTOPHE   D'accord, mais speede[12] un peu ! La poissonnerie va bientôt fermer.

---

10. **un mec :** (familier) un homme, un garçon. Mot très utilisé.
11. **Dunkerque :** grande ville industrielle du nord de la France, 3e port de commerce du pays.
12. **speede :** (familier, anglicisme) impératif du verbe « speeder ». Faire vite, se dépêcher. Très employé par les jeunes.

Toi et ton ordinateur !

Chez les Durand.

MME DURAND Marc ! Marc ! Marc, tu as fait tes devoirs ?
Marc ? Tu es dans ta chambre ? Marc ! Tu
écoutes quand je te parle ?

MARC Oui, oui ! Mais j'installe mon nouveau modem.

MME DURAND Tu as encore dépensé tout ton argent de po-
che pour ton ordinateur ? Écoute Marc, ton
professeur de maths a encore téléphoné. Il
veut me voir ! Tu as quelque chose à me
dire ? Qu'est-ce qui s'est passé au collège ?[13] Tu sais pourquoi ton prof de maths
veut me voir ?... Marc !

MARC Oh ! Pardon, maman. Qu'est-ce que tu as
dit ?

MME DURAND Je t'ai demandé...

MARC Oh ! Attends ! Ah ! Ça y est ! Ça marche !
Alors, qu'est-ce que tu me demandes ?

MME DURAND Marc, ça ne peut pas continuer comme ça !
Tu n'écoutes pas quand je te parle. Tu penses seulement à ton ordinateur !

MARC Attends maman. Il faut que je donne mon nom.
RU-LER, voilà, c'est fait ! Mais pardon, excuse-
moi, qu'est-ce que tu dis ? Toute la semaine...

13. **collège :** les élèves dans cet établissement d'enseignement secondaire de premier cycle de la classe de 6e (entre 11 et 12 ans) à la 3e (entre 14 et 15 ans).

MME DURAND	Oui, toute la semaine tu joues seulement avec… (*Elle prend une boîte de CD.*) « Sonic Adventure », « Final Fantasy », « Shining Force »… Et tout en anglais ! Bien sûr ! Et le plus grave, c'est que tes notes en anglais sont loin d'être bonnes ! Mon dernier rendez-vous avec ton professeur d'anglais n'a pas été drôle pour moi, tu sais.
MARC	Oui, mais en maths et en physique…
MME DURAND	Là n'est pas la question ! Tu ne nous parles plus, tu n'as pas d'amis ! À ton âge, il faut avoir des amis ! Et puis, regarde comment tu es habillé ! Tu ne peux pas être un peu plus à la mode ? Les jeunes s'habillent d'une autre façon ! Qu'est-ce qui se passe ? Tu as des problèmes à l'école ?
MARC	Non.
MME DURAND	Tu ne trouves pas d'amis ?
MARC	Oh, tu sais, les garçons du collège et moi, on n'a rien à se dire. Ils ne savent même pas ce que c'est un ordinateur, et les jeux de rôle, ils ne connaissent pas ! Ils ne connaissent pas la scène des Crakers.
MME DURAND	La scène des quoi ? Encore de l'anglais ?
MARC	Les crakers,[14] c'est le nom pour les fous d'ordinateurs, les rulers,…
MME DURAND	Craqueur[15] par ici ou rouleur[16] par là, il va falloir changer tes habitudes, mon garçon !

14. **craker :** (anglicisme) personne qui a une grande connaissance de l'informatique. Utilisé par les adeptes de l'informatique.
15. **craqueur :** Mme Durand prononce « cracker » avec l'accent français.
16. **rouleur :** Mme Durand prononce « ruler » avec l'accent français.

	Mais maintenant, je vais au collège pour voir ton prof,[17] et toi, sors un peu !
MARC	Justement, il faut que je passe à Gigabytes. J'ai rendez-vous avec un mec qui veut me vendre un nouveau programme.
MME DURAND	Oh toi et ton Gigabytes ! Un jour, tu vas y dormir ! Bon, mais j'y vais maintenant.
MARC	Oui, à tout à l'heure maman.
MME DURAND	C'est ça, à plus tard.

---

17. prof : (familier) abréviation de professeur très employée.

Vivre ensemble

Dans le quartier des Deux Tours, devant chez Mémed.

MANUEL Eh Toff ! T'as vu qui passe sur l'autre trottoir ?
C'est monsieur Einstein ! Mate[18] le look ![19]
T'as vu le zomblou ?[20] D'enfer ![21]

CHRISTOPHE Tu rigoles,[22] mais look[23] les lunettes ! Eh !
Quand il pleut, tu crois qu'il a les essuie-
glaces avec ? Et les cheveux, craignos[24]
non ? Ah il est beau notre Einstein !

MANUEL T'as déjà discuté avec lui ?

CHRISTOPHE Tu veux rire ?! Je discute pas avec les fils à
papa,[25] moi ! T'as vu la bagnole[26] de son
père ? C'est pas de la bagnole de pauvre ça !
A.B.S., airbags, direction assistée, je sais pas

---

18. mater : (populaire) regarder.

19. un look : (familier, anglicisme) apparence générale, allure, façon de s'habiller, de se coiffer… Très utilisé par les jeunes, les adultes et dans le monde de la mode et du design.

20. un zomblou : un blouson en verlan, qui est une façon de parler, une sorte d'argot qui consiste à inverser les syllabes ou les lettres d'un mot. Très utilisé par les adolescents.

21. d'enfer : (familier) super, fantastique. Ici, Manuel est ironique. « D'enfer » s'emploie comme un adjectif. Exemple : « Ce disque est d'enfer ».

22. rigoler : (familier) rire. Très employé par les enfants et les adolescents.

23. look : (familier, anglicisme) regarde. Ici « look » est employé comme un verbe.

24. craignos : moche, laid et n'est pas à la mode. Le « s » final se prononce.

25. un fils à papa : un garçon qui profite de la situation de son père ou de sa famille. Connotation péjorative.

26. une bagnole : (familier) une voiture.

combien ça peut coûter, mais il doit pas être au chômage son vieux. Et puis t'as vu la baraque ?[27] À mon avis, il a même pas envie de bavarder avec nous le Marc.[28] Et puis, qu'est-ce que tu veux qu'on se raconte ? Tu crois qu'il y comprend quelque chose toi à la musique ? À mon avis, il fait pas la différence entre ABBA et Aerosmith ! Ah, mais voilà Mémed… Salut Mémed !

IMED Salut les mecs ! Qu'est-ce que vous faites ?

CHRISTOPHE Euh… Manu, il a écrit un nouveau texte. Il veut nous le montrer. T'as cinq minutes ?

IMED Ouais ! Entrez ! Mais faites pas trop de bruit. Ma sœur fait ses devoirs dans sa chambre, et il faut pas la déranger ! (*Ils vont dans la chambre de Mémed.*)
Oh, excusez, j'ai pas rangé. Bon, j'vous offre pas un cocktail de bienvenue, vous êtes pas au restaurant de la tour Eiffel ici, mais un coca ?

CHRISTOPHE OK pour le coca. Et puis, eh, Mémed, arrête ton sketch ![29] On sait où on est ! Et puis, t'excuse pas pour ta chambre parce que, les autres jours, tu la ranges pas non plus. C'est pour ça aussi qu'on aime bien venir chez toi, parce qu'ici, c'est comme chez nous !

---

27. **une baraque :** (familier) une maison. Connotation péjorative.
28. **le Marc :** les prénoms ne sont généralement pas précédés d'article. Ici, Christophe veut ridiculiser Marc.
29. **arrête ton sketch :** (familier) arrête de jouer la comédie, de faire semblant.

MANUEL Bon, alors, je vous le lis le texte ou je laisse béton ?[30]

IMED Ouais, vas-y,[31] on t'écoute, t'énerve pas !

MANUEL Bon, ouvrez bien vos oreilles, et vous connaissez les règles du jeu : vous me laissez lire et après vous pouvez tout critiquer. Mais vous attendez que j'ai terminé, hein ?

TOFF Alors, t'y vas poule mouillée, ou tu veux une camomille pour être plus cool…

IMED Il lui faut peut-être un micro ? Allez, cool mec, on t'écoute. On sait que ça va être super ! C'est toujours génial !

Manuel prend un papier dans son blouson, il réfléchit un peu, devient sérieux et commence…

MANUEL Ça s'appelle « Vivre ensemble ».

CHRISTOPHE Oui, bon, vas-y, chante !

MANUEL Bon… alors… Vivre ensemble…

IMED Ben, on va finir par le savoir ![32]

MANUEL Non, mais arrêtez les gars ![33] Je ne peux pas commencer si vous n'arrêtez pas de parler. Allez,[34] je recommence « Vivre ensemble ».

---

30. **laisse béton :** (verlan) abandonner, arrêter. Vient de l'expression « laisse tomber ».

31. **vas-y :** (familier) expression composée du verbe « aller » à l'impératif et du pronom « y », utilisée à l'oral pour inciter une personne à faire quelque chose ou à partir.

32. **finir par + infinitif :** arriver à + infinitif, parvenir à + infinitif, réussir à + infinitif. Ici la phrase signifie « on va arriver à le savoir », « on va parvenir / réussir à le savoir ».

33. **les gars :** (familier) ici, les copains.

34. **allez :** verbe « aller » à l'impératif utilisé à l'oral pour inciter une personne à faire quelque chose ou à partir.

Manuel et Imed essaient de ne pas rigoler, mais ce n'est pas facile. Manuel se concentre et commence :

J'existe dans ma différence
Écoute ces mots, donne-moi une chance,
Ne m'arrête pas, faut que j'avance,
Mon pays, c'est aussi la France.

SILENCE

Et si je porte le nom de mon père
Il est pas français, c'est comme ma mère
Saint Anne,[35] c'est de l'autre côté de la mer
Le départ, c'est le rêve de Baudelaire[36]

ENFER

J'espère trouver d'autres paysages
Où la vie rime pas avec chômage
J'ai peur, tu sais, mais à mon âge
Je rêve à de plus beaux rivages

VOYAGE

Dans mon carnet, il y a plein de couleurs
D'un coup de crayon j'dessine mon cœur
Ma vie est comme un ascenseur
J'veux aller haut, ça te fait peur ?

---

35. **Saint Anne :** ville de la Guadeloupe.
36. **Baudelaire, Charles :** (1821-1867) poète français.

MENTEUR

J'désire apprendre plus à l'école
S'il te plaît, laisse-moi la parole !
L'étranger c'est pas celui qui vole
De ces histoires, j'en ai ras le bol[37]

PAROLE

Laissons les accusations
Prenons une gomme et écrivons
Une autre histoire couleur citron
Césaire,[38] Fanon,[39] c'étaient pas des con...[40] naissances
Attention... Partir
Ascension... Devenir
Passion... Revenir
Et vivre... Ensemble

Imed et Christophe reprennent avec Manuel...

Attention... Partir
Ascension... Devenir
Passion... Revenir
Et vivre... Ensemble

37. j'en ai ras le bol : (familier) expression « en avoir ras le bol » signifie en avoir assez. Employée à l'oral.
38. Césaire, Aimé : poète et homme politique français (né en 1913 en Martinique). Descendant d'anciens esclaves déportés d'Afrique vers l'Amérique. A écrit sur l'affranchissement du peuple noir.
39. Fanon, Frantz : (1925-1961) psychiatre et théoricien politique français (il est né en Martinique et a vécu en Algérie). Il a élaboré des analyses sociologiques et politiques du colonialisme et a écrit sur la lutte de délibération de toute l'Afrique.
40. un con : (familier) un idiot, un imbécile.

Le plan de Monsieur Lacotte

Madame Durand arrive au collège. Monsieur Lacotte, le professeur de mathématiques, l'attend dans sa salle de classe. Madame Durand entre.

M. LACOTTE   Bonjour, Madame Durand, comment allez-vous ?

MME DURAND   Oh… euh, bien, merci, mais parlons de Marc s'il vous plaît. Vous savez, ce n'est pas la première fois que je viens au collège pour rencontrer un professeur. Je sais qu'en ce moment, Marc est un peu difficile, mais vous savez,…

M. LACOTTE   Madame Durand !

MME DURAND   Si, si, ne me dites pas le contraire. Vous savez, je ne suis pas une de ces mères qui ne peuvent pas entendre la vérité. Marc est difficile en ce moment. Mais c'est un gentil garçon, il rêve seulement un peu trop. Et puis ses notes en maths ne sont pas trop mauvaises. Vous savez, je lis ses leçons avec lui tous les soirs. Mais si vous pensez que c'est mieux, nous pouvons lui payer des cours avec une étudiante. Mais pour vous dire la vérité, je ne sais plus quoi faire avec lui.

M. LACOTTE   Mais Madame Durand, je ne…

MME DURAND   Non, non, laissez-moi parler. Vous savez, je le connais mon garçon. Je sais qu'il peut mieux faire à l'école. Je pense qu'il peut aller en troisième[41] l'année prochaine. Mais le grand problème, c'est l'ordinateur. Il passe toutes ses journées devant son ordinateur. Il ne nous parle plus, il ne voit plus ses amis… Et depuis quelque temps, il survole ses leçons seulement. Il ne les apprend plus très bien. Et puis je travaille et ce n'est pas facile pour moi d'être toujours derrière son dos. Je n'ai pas beaucoup de temps et c'est peut-être ma faute si…

Monsieur Lacotte sourit et commence à rire. Puis il redevient sérieux et prend la parole.

M. LACOTTE   Madame Durand ! Laissez-moi parler maintenant. Marc n'est pas seulement un enfant intelligent, c'est aussi un adolescent. Vous savez, toutes les mères viennent me voir pour me raconter leurs petits problèmes et croyez-moi, j'entends toujours les mêmes histoires. C'est un temps difficile pour tous les adolescents mais aussi et surtout pour tous les parents. C'est la vie ! Nous avons tous eu cette mauvaise phase. Mais on l'oublie vite !

MME DURAND   Mais, Monsieur Lacotte…

M. LACOTTE   Non, non, laissez-moi parler maintenant. Marc est très intelligent. Ses notes sont un

41. **troisième :** dernière classe du premier cycle de l'enseignement secondaire. Les collégiens de troisième ont en moyenne entre 14 ou 15 ans.

peu moins bonnes, mais rien de grave. Le programme est un peu plus difficile cette année. La quatrième, ça commence à devenir sérieux, vous savez. Mais au club informatique, nous sommes très contents de lui…

MME DURAND   Là, vous ne me surprenez pas.

M. LACOTTE   Mais comme vous l'avez dit, il n'a pas beaucoup d'amis. Il ne s'est pas encore bien intégré dans le collège. Vous savez, les autres élèves viennent du quartier des Deux Tours…

MME DURAND   Oui, je connais, nous habitons en face.

M. LACOTTE   Eh oui, mais en face, ce n'est pas ensemble. Comme Marc, j'ai la passion des ordinateurs et je veux trouver des jeunes, un petit groupe, pour créer un projet multimédia, avec de la musique, des textes…

MME DURAND   Oh, mais Marc n'a pas de bonnes notes en musique. Et pour tout dire, je crois qu'il n'écoute jamais de musique. Les après-midi, on entend des drôles de bruits dans sa chambre, « Monsieur crée de la musique avec son synthétiseur », c'est ce qu'il dit ! Mais on est très loin de Mozart, si vous voyez ce que je veux dire.

M. LACOTTE   Oh, oui, mais justement, laissez-moi finir. Donc, musique, texte, mais aussi animation informatique. Et pour cela, j'ai pensé à Marc.

MME DURAND   Encore de l'ordinateur !

M. LACOTTE   Vous savez, avec ce projet, j'espère surtout que des jeunes qui n'ont pas une histoire iden-

18

tique et peut-être pas non plus les mêmes chances devant la vie se rencontrent. Je veux leur montrer que les différences ne sont pas aussi grandes qu'ils le pensent, leur donner une chance de traverser la rue. Ils peuvent tous apprendre beaucoup de cette rencontre. Vous comprenez ? Je veux essayer de détruire quelques préjugés…

MME DURAND   (*Elle réfléchit.*) Oui, je pense que je comprends mieux. C'est un très beau projet. Mais pour la musique ?

M. LACOTTE   Dans le quartier des Deux Tours, je sais que quelques jeunes font du rap pour leur plaisir. Ça ne va pas être difficile à trouver. Alors c'est d'accord ? Vous en parlez à Marc ?

MME DURAND   Euh… oui. Mais à midi, nous nous sommes disputés. Je lui ai dit qu'il passe trop de temps devant son ordinateur. Et maintenant, je vais lui annoncer qu'il peut passer encore plus de temps devant son ordinateur. Il va trouver cela bizarre. Mais, bon. C'est d'accord, je vais lui en parler. Et encore merci monsieur Lacotte. Au revoir !

M. LACOTTE   Oui, au revoir Madame Durand ! (*Madame Durand s'en va et monsieur Lacotte est seul dans la salle.*) Ah ! Ces mamans, toutes les mêmes. Elles s'inquiètent toutes pour leurs enfants ! Si seulement les jeunes le savaient !

Une dispute

Chez Imed.

IMED   Ouah !… C'est pas mal ton truc !

CHRISTOPHE   Ah ouais, super !

MANUEL   Vous bluffez ?[42]

IMED   Ah non ! Hyper chébran[43] le texte ! Mais dites, j'ai une idée. Pour la musique, comme ma sœur bosse[44] dans sa chambre, j'veux pas qu'on la dérange. Mais on peut se casser[45] au collège ? Comme ça, on peut tirer des paniers[46] et on la dérange pas.

CHRISTOPHE   Cool ! Mais y'a[47] personne au bahut ?[48]

MANUEL   Ben, non, pourquoi ?

CHRISTOPHE   Ben, faudrait pas qu'on tombe sur[49] un prof ou sur le dirlo,[50] parce qu'on n'a pas le droit d'y aller normalement. C'est fermé aujourd'hui !

---

42. **bluffer :** (familier) mentir.
43. **chébran :** (familier) à la mode. Verlan de « branché ».
44. **bosser :** (familier) travailler.
45. **se casser :** (familier) partir.
46. **tirer des paniers :** jouer au basket.
47. **y'a :** (familier) tournure abrégée pour « il y a », très employée à l'oral. « Il », pronom impersonnel, disparaît souvent à l'oral.
48. **un bahut :** (familier) un collège, un lycée. Employé par les jeunes.
49. **tomber sur quelqu'un :** rencontrer quelqu'un.
50. **un dirlo :** (familier) abréviation de directeur. Employé par les enfants et les adolescents.

IMED   T'inquiète pas ! Y'a personne en ce mo-
        ment ! Tous les profs corrigent les exams.[51]
        Alors, on y go ?[52]

*Les trois garçons s'en vont. Ils montent sur le mur du collège,
sautent de l'autre côté et commencent à jouer.*

CHRISTOPHE   Eh les mecs ! J'crois que j'ai une idée. Vas-y
              Manu, chante le texte !

*Manuel commence « J'existe dans ma différence, écoute ces
mots, donne-moi une chance »… Christophe tape sur sa boîte de
coca et Imed se met à imiter un bruit de batterie.*

CHRISTOPHE   Continue Manu !
MANUEL   « Et si je porte le nom de mon père, il est pas
              français, c'est comme ma mère… »

*Imed se met à danser et Christophe profite du moment pour
prendre le ballon des mains de Manuel qui continue à chanter… « Saint Anne, c'est de l'autre côté de la mer, le départ
c'est le rêve de Baudelaire… ». Christophe court vers le panier,
Imed n'a pas le temps de réagir, Christophe saute, lance le ballon, rate le panier. Tous les trois voient le ballon rebondir
contre le panneau et voler vers la porte du collège. Imed arrête sa pantomime. Seul Manuel continue de chanter.*

CHRISTOPHE   Oh là là ! Vous voyez ce que je vois ?

51. un exam : (familier) abréviation d'examen. Employé par les jeunes.
52. on y go : (familier) on y va (traduction de l'anglais). Employé par les jeunes
seulement à l'oral.

21

IMED   Arrête Manu, arrête de chanter ! Oh là là, c'est l'enfer, les gars ! Qu'est-ce qu'on va faire ?

MANUEL   Enfer !

Au moment où Manu prononce le mot « enfer », le prof de maths arrive dans le hall du collège et le ballon tombe juste sur ses pieds. Il le prend dans les mains, voit Christophe, Manuel et Imed et les appelle.

M. LACOTTE   Eh ! Vous trois !

CHRISTOPHE   Oh là là ! Qu'est-ce qu'on fait les mecs ? On court ?

IMED   Trop tard, il nous a vus !

Monsieur Lacotte vient vers eux.

M. LACOTTE   Qu'est-ce que vous faites sur le terrain de basket ? Il n'y a pas cours aujourd'hui !

MANUEL   Oh ! Euh… Oui, bonjour monsieur Lacotte ! On s'excuse, mais on a joué un peu au basket.

M. LACOTTE   Oui, ça je l'ai bien vu, mais le collège n'est pas ouvert aujourd'hui !

CHRISTOPHE   Ouais, euh… oui , mais dans le quartier des Deux Tours, on n'a pas de terrain pour jouer. Et le street-ball aux Deux Tours, c'est trop dangereux. L'année dernière, on a déjà cassé une fenêtre. On voulait pas, mais nos parents ont dû payer. Alors depuis…

M. LACOTTE   D'accord, d'accord. Je ne dis rien pour cette fois ! Et puis c'est vrai, ici, c'est moins dange-

	reux. Mais vous connaissez le règlement ? Mais, dis-moi Manuel, qu'est-ce que tu chantes là ? Je t'ai bien entendu chanter non ? C'est le dernier tube[53] à la mode ?
MANUEL	Oh non, monsieur ! C'est rien.
IMED	Mais si, vas-y, montre-lui ! Vous savez, m'sieur,[54] Manu, il écrit des chansons.
MANUEL	Non, non, c'est rien ! Et puis on s'en va maintenant, c'est l'heure. Et excusez-nous encore pour le ballon. Allez vous deux, venez, il faut rentrer maintenant !
M. LACOTTE	Attendez vous trois ! C'est vrai Manu, tu écris des textes ? Mais c'est très intéressant cela !
MANUEL	Ben, oui, m'sieur ! Mais c'est comme ça, c'est pas sérieux, vous savez… Bon allez, on y va les gars ?
CHRISTOPHE	Pas sérieux ? Attends Manu, tu veux rire ou quoi ? Non, non, m'sieur, ces textes, ils sont super ! Et puis Manu, il connaît plein de[55] trucs, enfin, j'veux dire, il sait parler, quoi, il sait dire plein de trucs que nous, on a dans la tête.
M. LACOTTE	Plein de trucs ? Et c'est quoi ces… trucs ?
CHRISTOPHE	Ben, des trucs qu'on pense quoi, que la vie, elle est pas facile ici quand on habite aux Tours, et puis Manu, il est fort, lui. Enfin, c'que j'veux dire,[56] c'est qu'il sait bien parler et écri-

---

53. **un tube :** (familier) chanson qui a du succès.
54. **m'sieur :** (familier) abréviation de monsieur à l'oral, employée par les enfants et les adolescents.
55. **plein de :** (familier) beaucoup de.
56. **c'que j'veux dire :** (familier) ce que je veux dire. À l'oral, les « e » ne sont pas systématiquement prononcés.

23

re, il lit plein de trucs que même moi je comprends pas. (*Monsieur Lacotte sourit.*) Manu, c'est la tête de la bande,[57] quoi !

M. LACOTTE   Mais c'est très intéressant tout cela ! Et qu'est-ce que vous faites avec vos chansons ?

MANUEL   Bon, excusez-nous monsieur Lacotte, mais il est tard maintenant, il faut vraiment qu'on rentre !

IMED   Attends, Manu ! Ben… voilà, m'sieur, avec nos textes, on fait rien. C'est surtout qu'on sait pas ce qu'on peut faire avec des chansons ! On fait ça comme ça, juste pour nous, parce qu'on aime bien le rap, juste parce qu'on aime bien ça ! Et ouais aux Tours, y'a rien à faire, alors…

CHRISTOPHE   Ouais ! Just for fun ![58] Euh… pardon !

M. LACOTTE   Écoutez-moi vous trois ! Je cherche des jeunes qui s'intéressent à la musique et qui s'y connaissent[59] aussi. J'ai un projet en tête et cela peut être intéressant aussi pour vous. Si vous voulez que les jeunes connaissent votre musique, je vous invite à venir au club informatique demain. Mais seulement si vous en avez envie, bien sûr.

MANUEL   Au club informatique ? Mais vous savez, on n'y connaît rien nous en informatique ! Et puis le samedi, on va pas au collège nous !

---

57. **la tête de la bande :**   (familier) la personne la plus savante de la bande.
58. **Just for fun :**   (anglais) juste pour le plaisir.
59. **s'y connaître :**   avoir des connaissances approfondies dans un domaine.

	Ce que je veux dire, c'est que le collège est fermé, non ?
M. Lacotte	Oui, mais le club informatique est toujours ouvert le samedi. Alors on se donne rendez-vous à 14 heures en salle 235 ?
Christophe	Si c'est pour notre musique, m'sieur, alors on va venir !
Imed	Oui, oui, on va venir, m'sieur ! Alors à demain monsieur Lacotte et on s'excuse hein pour le ballon !
M. Lacotte	Le ballon ? Ah oui ! Ne vous inquiétez pas, cela reste entre nous ! J'ai déjà oublié cette histoire. Alors à demain !

Monsieur Lacotte s'en va et les trois garçons aussi.

Imed	Eh Manu ! Tu dis rien ? Qu'est-ce qui se passe ? T'as un problème ?
Manuel	Un problème ? Vous êtes malins vous deux ! Des idiots, voilà ce que vous êtes ! (*Manuel essaie d'imiter Christophe.*) Oui Monsieur Lacotte, bien sûr Monsieur Lacotte, d'accord Monsieur Lacotte… (*Puis il prend un ton plus sérieux.*) T'es un pauvre clown, Toff ! Tu vas aller au collège un samedi toi ? Depuis quand on va au collège un samedi nous ? C'est pas pour nous tous ces trucs d'informatique. Tu sais qui va au club le samedi ? Non ? Ce sont les matheux[60] de la classe !

---

60. **un matheux :** (familier) un élève bon en maths.

CHRISTOPHE Hein ?

MANUEL Et Einstein, t'as déjà oublié ? Vous oubliez d'où on vient ou quoi ? Nous, c'est des Deux Tours qu'on vient. Et c'est là qu'on retourne ! Qu'est-ce qu'on va y faire, nous, au club informatique ? Tu peux me le dire ? Ils vont bien rigoler demain quand ils vont vous voir arriver !

IMED Vous ? Et toi Manu, qu'est-ce que tu vas faire toi ? C'est peut-être pas pour nous le club informatique, mais si c'est bien pour ton texte, on peut y réfléchir, non ?

MANUEL Vous êtes vraiment trop bêtes ! Allez, je rentre, les nouveaux intellos ![61]

CHRISTOPHE Eh Manu ! Reste cool ! Nous laisse pas tomber[62] demain ! Pour une fois, on a peut-être la chance de faire un truc bien. J'sais pas ce que c'est, moi, leurs trucs d'informatique. Mais eux, tu crois qu'ils savent ce que c'est le rap ? Et le prof, il a dit qu'il cherche des musiciens. Et nous, on n'est pas des pros[63] mais on fait de la musique. Alors on t'attend demain, hein ? Tu vas pas laisser tomber tes potes ?[64] Et puis c'est pas les p'tits matheux qui vont te faire peur, pas à toi !

---

61. **un intello :** abréviation d'intellectuel. Ici, une personne intelligente qui aime étudier.

62. **laisse tomber :** (familier et figuratif) laisser tomber quelqu'un ou quelque chose signifie abandonner ou arrêter.

63. **un pro :** abréviation de professionnel.

64. **un pote :** (familier) un ami (en général au masculin). Employé par les adolescents et les adultes.

Manu s'en va sans dire un mot.

IMED Mais qu'est-ce qu'il a Manu ? Je l'ai jamais vu comme ça ! Il est hyper zarbi[65] aujourd'hui !

CHRISTOPHE T'inquiète pas ! J'le connais Manu. Il va venir demain. Il va pas nous laisser tomber. On est ses copains. Il croit qu'il peut jouer les méchants[66] mais j'le connais, moi, le Manu, il est trop gentil pour nous laisser tomber. Bon, mais faut que je rentre. Allez, salut, à demain !

IMED Ouais ! À demain !

Imed et Christophe rentrent chez eux. Le soir, dans leur chambre, les trois copains pensent tous à la même chose. Ils se sont disputés pour la première fois et tous repensent à cette drôle de journée.

---

65. **zarbi :** (verlan) bizarre.
66. **jouer les méchants :** faire semblant d'être méchants.

Un projet commun ?

Le lendemain au club informatique. Marc est déjà là depuis une heure avec monsieur Lacotte.

MARC Monsieur Lacotte, je suis dans le web. Et maintenant, qu'est-ce que je cherche ?

M. LACOTTE Tu tapes le code « thedemo ».

Mémed et Toff arrivent alors sans faire de bruit. Personne ne les a vus. Ils ne veulent pas déranger.

MARC OK. Ça c'est pas compliqué. Voilà. On est dans le site. Oh là là ! Leur homepage[67] est chouette ! On regarde un peu plus loin dans le web ? Regardez, ils donnent d'autres adresses.
Regardez, regardez Monsieur Lacotte, vous avez vu, ils donnent des exemples de greetings…[68] et les credits,[69] super ! Vous avez vu les graphiques !

IMED Web, greetings, credits ??? T'y comprends quelque chose toi Toff ?

CHRISTOPHE ???…

---

67. une homepage : (anglicisme) page de bienvenue d'un site web.
68. un greeting : (anglicisme) court texte de bienvenue sur un site. N'est pas très utilisé.
69. un credit : (anglicisme) petites salutations qui présentent les réalisateurs d'une démo. Cette expression n'est pas très utilisée.

Manuel arrive et salue Mémed et Toff. Monsieur Lacotte les entend parler.

M. LACOTTE Ah ! Vous êtes là ! Mais venez, venez ! Regardez, je vais vous montrer. Marc, voilà Christophe, Manuel et Imed.

MARC Bonjour.

CHRISTOPHE Salut !

IMED Ouais, euh… salut !

M. LACOTTE Bien ! Je ne sais pas si vous le savez, mais il y a chaque année un grand rendez-vous international multimédia qui s'appelle « The Demo ». C'est un rendez-vous de musique, d'informatique et de vidéo. Pendant trois jours, des jeunes montrent ce qu'ils savent faire en informatique et dans le multimédia. J'aimerais y participer avec vous. Imed, Christophe et Manuel, vous pouvez vous occuper de la partie musicale, une musique et des paroles, et Marc peut vous aider à créer des arrangements avec son synthétiseur et à informatiser les sons. Puis j'ai pensé faire une vidéo avec vous. Peut-être quelque chose que vous tournez dans le quartier des Deux Tours, quelque chose que vous connaissez bien, et Marc peut nous aider à faire un mélange entre des vraies images vidéo et des images virtuelles. Voilà donc le projet. Qu'est-ce que vous en pensez ?

MARC Ben, moi, je ne sais pas si ma mère va être d'accord que je passe mes journées au club informatique, mais je veux bien essayer.

CHRISTOPHE   Génial ! Mais t'as un synthétiseur, toi, Marc ? Ça veut dire que tu fais de la musique. Et qu'est-ce que tu fais comme musique ?

MANUEL   (*à lui-même*) Et alors, nous aussi on fait de la musique. Et jusqu'à maintenant, on n'a pas eu besoin de tout ça pour écrire des textes et des musiques. Et puis, je vois déjà la tête de ses parents[70] s'ils nous voyaient avec leur fi-fils.[71] Qu'est-ce qu'il croit le pauvre Toff ? Il pense que monsieur Einstein veut faire quelque chose avec lui ?

MARC   Oh tu sais Christophe…

CHRISTOPHE   Euh… moi c'est Toff ! J'préfère. Tout l'monde m'appelle comme ça aux Deux Tours, c'est à cause du bruit de ma mob…

MARC   Ben tu sais, Toff, c'est pas vraiment de la musique ce que je fais. J'enregistre des bruits et j'essaie de faire des arrangements musicaux avec. Mais j'y pense ! Je n'ai encore jamais enregistré le bruit d'une mobylette… Alors si tu veux…

MANUEL   (*à lui-même*) Je rêve ! Justement, il a pas enregistré de bruit de mobylette. Mais qui est-ce que ça intéresse ? Et c'est pas vrai que Toff le regarde comme ça avec des yeux de merlan frit ![72] Il veut sa photo ou quoi ? Et puis la mob de Toff, c'est pas demain qu'il va

---

70. **je vois déjà la tête de ses parents :** (familier) j'imagine déjà l'expression des visages de ses parents, j'imagine déjà la réaction de ses parents.
71. **un fi-fils :** (familier) un fils surprotégé par ses parents. Très péjoratif.
72. **des yeux de merlan frit :** un regard qui n'exprime rien, fixe et dans le vide.

pouvoir enregistrer le bruit qu'elle fait ! Parce qu'elle est toujours en panne, sa super mob. Il a de la chance Einstein, si la mob de Toff elle fait du bruit un jour. Mais peut-être qu'il veut enregistrer un bruit de panne !!!

M. LACOTTE Et toi, Imed, qu'est-ce que tu en penses ?

IMED Oh... euh... moi ? Ben... comme Toff, enfin, j'veux dire, comme Christophe ! J'suis d'accord. J'trouve ça chouette de faire une chanson et de la musique avec des ordinateurs. Mais moi, vous savez, devant un ordinateur, je sais rien faire. Mais Manu, il écrit toujours des bons textes. Mais personne les écoute. T'es pas d'accord Manu ? (*Manu ne répond pas.*) Et puis, moi, vous savez, là ou ailleurs... De toute façon, aux Deux Tours, y'a rien à faire ! Et comme dit ma mère, pendant que je fais de la musique, je fais pas de bêtises dans la rue. Tu crois pas Manu ?

MANUEL (*à lui-même*) Mon pauvre Mémed, les bêtises, c'est pas dans la rue que tu les fais. Mais tu peux me dire ce qu'on fait là dans un club informatique, dans le collège, alors qu'il y a même pas cours ? Toute la semaine tu rêves de ne pas aller au collège, et maintenant...

IMED Eh Manu, tu m'écoutes, qu'est-ce que t'en penses toi ? Ça peut être cool non ?

MANUEL Euh... qu'est-ce que tu as dit ? Ah oui ! Euh... Écoutez Monsieur Lacotte, je crois que c'est pas pour moi un truc comme ça. Enfin, je veux dire une musique sur ordinateur, une vidéo… etc. C'est super d'avoir pensé à nous, mais il faut qu'on rentre aux Deux Tours maintenant, moi et les copains. C'est gentil d'avoir essayé. Vous savez, notre place à nous elle est dans la rue, pas dans un club informatique. On n'a pas d'ordinateur, nous, parce que vous savez, nos parents, ils savent déjà pas comment ils vont boucler la fin du mois…[73] Et puis, on est des jeunes de la rue. Non, c'est pas notre place ici. Mais merci ! Allez, les mecs, on y va ?!

CHRISTOPHE   Mais Manu, réfléchis. Pour une fois, tes chansons, elles vont pas rester dans ton blouson ! Beaucoup de monde va pouvoir les écouter ! C'est peut-être pas encore gagné, mais on a une chance d'essayer. Moi je reste ! Et toi Mémed ?

IMED   Ben…, euh…, moi, comme toi, Toff, comme toi ! C'est vrai qu'elles sont bien les chansons de Manu, alors on va pas rater cette chance !

MANUEL   OK les potes ! Je comprends. Bon, Monsieur Lacotte, je pars. Il est déjà tard maintenant. Au revoir !

IMED   Mais Manu…

Mais Manuel s'en va sans regarder ses amis, sans se retourner et sans un mot. Dans le club, c'est le silence. Monsieur Lacotte sourit et retourne à l'ordinateur. Marc, Imed et Christophe se regardent, stupéfaits.

73. **boucler la fin du mois :** arriver à la fin du mois sans manquer d'argent.

Rien à faire ?

CHRISTOPHE   Ben, qu'est-ce qu'on fait maintenant ? Il faut qu'on décide Manu à revenir. On peut pas prendre son texte s'il n'est pas là. T'as une idée toi Mémed ?

Salima entre dans la salle.

SALIMA   Salut frérot ![74] Salut Toff ! Et bien, vous en avez de drôles de têtes ! Qu'est-ce qui se passe ?

IMED   Salut sœurette ![75] T'es déjà là ? Tu sais, nous, on n'a pas encore fini. C'est parce qu'on a un problème. Manu, il veut pas participer au projet. Il vient de partir. Il dit que le club informatique, c'est pas pour nous. (*Puis il ajoute tout bas, dans l'oreille de sa sœur :*) Et puis je crois bien qu'il aime pas Marc. Et ça ne me surprend pas beaucoup. Tu connais Manu et t'as vu le look de Marc ! Ça peut pas marcher entre les deux !

SALIMA   Marc est là ? Oh, salut Marc ! Excuse-moi, je ne t'ai pas vu ! Tu participes au projet toi aussi ?

MARC   Euh… oui. Mais maintenant, je ne sais pas s'il y a encore un projet.

74. **frérot :** (familier) façon affectueuse d'appeler son frère.
75. **sœurette :** (familier) façon affectueuse d'appeler sa sœur.

IMED　Tu… tu connais Marc ? Mais comment tu le connais ?

SALIMA　Ben, on a déjà discuté ensemble dans la cour. Et on a aussi eu cours de sport ensemble.

MARC　Oui, c'est cela, on discute.

IMED　Ah oui !?

SALIMA　Bon, ben moi je pense que je peux vous aider à décider Manu. J'ai ma petite idée. Mais il faut que tout le monde m'aide et je sais pas si vous allez être d'accord.

CHRISTOPHE　Nous, tout ce qu'on veut, c'est que Manu reste avec nous. Alors c'est quoi ton idée ?

IMED　Ouais, c'est quoi ton idée ?

SALIMA　Et bien voilà. Excuse-moi Marc de devoir te dire cela, mais Manu, il est parti parce que tu…, parce que tu comprends…

MARC　Quoi, qu'est-ce que je dois comprendre ?

SALIMA　Ben tu sais, comme t'es habillé, c'est pas le style de Manu quoi. Ce que je veux dire, c'est que si Manu il est parti, c'est parce qu'il trouve pas génial comment tu t'habilles. Et puis, ta façon de parler, c'est un peu bizarre aussi pour un jeune. Moi, tu sais, ça ne me dérange pas. Mais Manu… Ce que je veux dire, c'est que tu parles pas comme nous mais comme un prof, et puis tes vêtements… C'est pas jeune !

MARC　Oh oui, je sais. Ma mère, elle n'aime pas non plus comment je m'habille. Elle dit aussi que ce n'est pas assez jeune. Mais tu sais, moi, les

vêtements, la mode, ce n'est pas mon problème. Et puis je n'ai pas d'idées.

IMED Dis donc sœurette, c'est peut-être chouette
de parler de mode entre vous, mais ça nous
aide pas à revoir Manu !

SALIMA Mais si ! Si vous voulez que Manu participe
au projet, il faut trouver quelqu'un d'original,
quelqu'un qui l'impressionne, un autre Marc
quoi !

CHRISTOPHE Oui mais où est-ce que tu veux qu'on trouve
quelqu'un d'autre ? Et puis c'est Marc qui
s'occupe de l'informatique dans le projet,
alors ton idée, elle nous aide pas beaucoup !

SALIMA Mais si ! On doit juste changer un peu Marc.
Et à nous trois, on va bien y arriver ! On or-
ganise une nouvelle rencontre entre Manu et
Marc, mais Manu ne doit pas reconnaître
trop tôt que c'est Marc. Voilà !

CHRISTOPHE Finalement, elle est pas mal ton idée. On
peut toujours essayer. Et puis Marc, il est
grand comme moi. Il peut peut-être prendre
mes fringues. [76]

MARC Me changer ???

IMED Allez, on essaie ! On se retrouve tous chez
Toff dans une heure. OK ?

CHRISTOPHE D'accord.

---

76. **une fringue :** (familier) un vêtement.

Enfin un nouveau look !

Deux heures plus tard, les quatre jeunes sont chez Christophe. Marc porte un jean, un tee-shirt blanc de MC Solaar,[77] un bomber[78] un peu trop large pour lui et les baskets de Christophe.

MARC Elles sont un peu grandes tes baskets, tu n'en as pas d'autres plus petites ?

CHRISTOPHE Eh ! Je ne travaille pas dans un magasin de chaussures. Alors prends mes chaussettes...

IMED Et puis prends ma casquette et mets-la bien sur tes yeux. Voilà, comme ça, on ne peut pas te reconnaître.

SALIMA Bon, pour les vêtements, ça peut aller. Mais il faut qu'on corrige ta façon de parler. Écoute-moi bien, j'ai une idée. Tu vas voir, ce n'est pas difficile. Alors, pour être cool, il te faut seulement quelques mots. Et surtout, tu ne fais pas de longues phrases. Oublie tout ce que tu as appris en cours de français, tout ce que te disent tes parents et répète après moi. Si tu es d'accord avec quelqu'un, tu dis « OK » ou « ouais » et pas « oui » ou « d'accord ». À toi !

MARC OK, ouais...

77. **MC Solaar :** nom d'un rappeur français.
78. **un bomber :** un blouson que portent les rappeurs.

SALIMA Bien. Maintenant, si tu aimes bien quelque chose, il y a deux façons de le dire. Tu dis que « c'est d'enfer » ou que « c'est cool ».

MARC C'est d'enfer ! C'est cool !

Christophe et Imed se mettent à rire.

IMED Oh oui, c'est d'enfer quand tu parles comme ça !

SALIMA Ne les écoute pas Marc ! On continue. Si tu n'es pas d'accord avec quelque chose tu dis « laisse béton ».

MARC Laisse bé… quoi ?

CHRISTOPHE Laisse béton. C'est du verlan. Ça veut dire laisse tomber, arrête quoi !

IMED (*qui ne peut plus arrêter de rire*) Oh oui, laisse béton, c'est trop d'enfer ! Ça va jamais marcher ton truc.

SALIMA Mais si ! Ils sont bêtes ! Allez Marc, à toi.

MARC Allez, laisse béton Mémed ! C'est d'enfer de parler comme toi. Ouais ! C'est super cool ! (*Puis il s'adresse à Salima.*) Je ne sais pas si je vais arriver à parler longtemps comme cela.

IMED Ce mec est un génie ! Il apprend drôlement[79] vite, je rêve ! Et puis tiens, prends un chewing-gum,[80] tu seras encore plus cool. Et surtout tu ouvres bien grand la bouche quand tu le mâches.

79. **drôlement :** très. Employé assez couramment.
80. **un chewing-gum :** pâte qu'on mâche.

CHRISTOPHE   Ouaaah ! C'est génial. On ne le reconnaît vraiment plus notre Marc. Mais j'y pense, il faut changer ton nom aussi. Marc Durand, c'est pas super, et puis Manu il sait comment tu t'appelles.

IMED   Marc Durand... Marc Durand. Ça y est, j'ai trouvé ! Tu t'appelles M.D. Comme un D.J.[81] Mais il faut le dire comme en anglais, Em. Di.

MARC   M.D. ?

CHRISTOPHE   Ouais, c'est chébran non ? Voilà, t'es un vrai rappeur maintenant.

SALIMA   Bon, maintenant, il faut que tu montes sur la mob de Toff. Vous allez aux Deux Tours et vous tombez en panne devant chez Manu. Enfin, vous faites semblant. Vous l'appelez pour qu'il vous aide à pousser la mob de Toff. Toff, il faut que tu te débrouilles pour que Manu et Marc..., je veux dire M.D., discutent de musique. Tu racontes que M.D. fait de la musique et tu te débrouilles pour faire écouter un enregistrement à Manu. T'as une cassette de tes enregistrements Marc ?

MARC   Euh... oui. Mais il faut aller la chercher chez moi.

SALIMA   Pas de problème. Toff, vous passez chez Marc d'abord. Bon, ben je crois que l'on a pensé à tout maintenant. Et avec un peu de chance, ça peut marcher. Tiens, je t'embrasse Marc, c'est pour te porter chance.

---

81. **un D.J. :** un disque-jockey.

IMED	Sœurette !!!
SALIMA	T'es jaloux frérot ?
IMED	Euh… non.
SALIMA	Bon, il faut y aller maintenant. On se retrouve dans une heure devant chez Manu. Bonne chance !
MARC	Merci. Allez viens Toff, on passe chez moi chercher la cassette. Tu penses que ça va marcher toi ?
CHRISTOPHE	Ben, je sais pas. On va bien voir. Et puis on peut essayer avec ta mère. Quand on arrive chez toi, tu sonnes à la porte et tu dis que tu es M.D., un copain à Marc, et on va voir la tête qu'elle va faire.
MARC	D'accord. Mais je suis sûr qu'elle va me reconnaître.

Ils arrivent chez Marc et sonnent. Madame Durand ouvre la porte.

MME DURAND	Bonjour. Vous êtes des amis de Marc ?
MARC	Nn… euh oui ! Bonjour madame ! On voulait savoir si Marc est là ?
MME DURAND	Ah non. Il est au club informatique maintenant, mais il va bientôt rentrer. Vous voulez l'attendre dans sa chambre ?
MARC	Oh non ! On veut pas vous déranger m'dame ![82] Mais vous pouvez lui dire qu'on est passé ?

---

82. **m'dame :** abréviation de madame à l'oral.

MME DURAND	Oui, bien sûr ! Alors je lui dis que…
MARC	M.D., moi c'est M.D.
CHRISTOPHE	Et moi c'est Toff m'dame.
MME DURAND	M.D. et Toff, oui, bien sûr, je vais le lui dire. Au revoir les enfants !
MARC	Oui, au revoir maman et bonne journée !
MME DURAND	Oui merci et bonne journée à vous aussi.
MME DURAND	(*veut fermer la porte derrière elle mais elle l'ouvre de nouveau très vite*) MAMAN !?!?
MARC	(*se retourne vers elle et il enlève sa casquette*) Ben oui, maman. Comment tu veux que je t'appelle ? Tu ne reconnais plus ton fils maintenant ? M.D., c'est Marc Durand, c'est moi quoi !
MME DURAND	(*éclate de rire*) Ce n'est pas vrai ! Pour une surprise c'est une surprise ![83] Mais… mais, à qui sont ces vêtements ? Tu n'es pas au club informatique ? Je n'y comprends vraiment rien ! Mais entrez, et racontez-moi ce que c'est que cette histoire !

Marc et Christophe entrent dans la maison et expliquent toute l'histoire. Madame Durand les écoute.

MME DURAND	Oh, j'ai une idée ! Attendez-moi là, je reviens tout de suite.

Elle s'en va dans la cuisine et revient avec un énorme magnétophone. Pendant ce temps, Marc va chercher sa cassette dans sa chambre. Il redescend dans la salle à manger.

83. **Pour une surprise c'est une surprise :** Quelle surprise!

MARC	Qu'est-ce que tu fais avec ça, maman ? C'est le magnétophone de la cuisine !
MME DURAND	Oui, je sais. Tiens, prends-le. J'ai vu ça dans un journal. Tu sais, les jeunes le portent sur l'épaule. C'est très à la mode. Enfin, je veux dire c'est très « chébran » !
MARC	Maman !
MME DURAND	Allez ! Partez vite ! Et bonne chance !

Christophe et Marc montent sur la mobylette. Marc remet sa casquette.

CHRISTOPHE	Eh Marc ! Elle est super sympa ta mère !
MARC	Euh… oui, peut-être, je ne sais pas.

Et ils s'en vont direction les Deux Tours sur la mobylette de Christophe.

Surtout pas changer d'avis

Christophe et Marc arrivent en mobylette dans le quartier des Deux Tours. Christophe s'arrête à quelques mètres de chez Manuel.

CHRISTOPHE   Allez Marc, mets ta cassette dans le magnéto et mets la musique assez fort. On va pousser la mob pour que Manu croit qu'on est en panne. Et mets ta casquette sur tes yeux.

MARC   OK. Ça va comme ça ?

CHRISTOPHE   Ouais, c'est bon. Allez, aide-moi à pousser, on y va.

Ils arrivent devant l'immeuble où habite Manuel.

CHRISTOPHE   Eh Manu ! Oh, Manu, tu m'entends ? C'est moi, Toff !

Manuel ouvre la fenêtre.

MANUEL   Arrête de crier comme ça ! Ma mère vient de revenir du travail et elle s'est couchée pour une heure. Tu vas la réveiller.

CHRISTOPHE   Oh, excuse ! Mais tu peux pas venir cinq minutes ?

MANUEL   Qu'est-ce qui se passe ? Qu'est-ce que tu veux, Toff ? Si c'est pour me faire changer d'avis, te fatigue pas ! Moi, je préfère rester à la maison. J'ai pas envie de jouer les poètes pour ce fils à papa des beaux quartiers.

MARC (*s'adresse à Christophe*) Le fils à papa, c'est moi, bien sûr.

CHRISTOPHE Euh… oui. Mais c'est parce qu'il te connaît pas. Mais t'inquiète pas, en fait il est sympa Manu, tu vas voir, mais ne parle pas trop, hein. (*Puis il s'adresse à Manu*) Mais non, Manu. Si t'as pas envie, t'as pas envie ! On n'en parle plus. Mais ma mob vient de retomber en panne. Tu veux pas nous aider à pousser ?

MANUEL « Nous » ? Ben, si vous êtes déjà deux, vous pouvez pousser tout seuls. Vous avez pas besoin de moi.

CHRISTOPHE (*à Marc*) Oh là là, ça va pas être facile ! Manu est pas de bon poil[84] aujourd'hui. Il faut qu'on change de stratégie. Mais attends, j'ai une idée. Il regarde de nouveau en direction de Marc. Allez Manu ! Fais pas ta mauvaise tête ![85] J'te dis qu'on parle plus du club informatique. Mais viens ! Je veux te présenter un pote. Il fait de la musique. T'entends pas sa cassette ?

MANUEL Non, de chez moi, j'entends rien du tout. Attends, je viens.

CHRISTOPHE (*à Marc*) C'est bon. Tu n'as pas oublié ce que t'a dit Salima, hein ? Oublie tout ce que

---

84. **ne pas être de bon poil :** (familier) être de mauvaise humeur.
85. **faire sa mauvaise tête :** bouder.

	tu as appris à l'école. Et surtout pas de phrases. OK ? Oh, mais attention, le voilà !
MANUEL	Salut ! Alors encore en panne ?
CHRISTOPHE	Ben, ouais. Tiens, j'te présente M.D. M.D., voilà Manu, un super copain.

Marc ne regarde pas Manuel. Il préfère regarder ses pieds. Il baisse la tête.

MARC	Salut !
MANUEL	Alors comme ça, tu fais de la musique ?
MARC	Ouais.
MANUEL	Ben… tu fais écouter ?
MARC	OK.

Marc met la musique encore plus fort. Manuel commence à taper du pied au rythme de la musique.

MANUEL	Génial ce synthétiseur. Tu fais ça sur ordinateur ?
MARC	Ouais. Cool, hein ?
MANUEL	Tu parles, c'est d'enfer ! Tu vois Toff, c'est un truc comme ça qu'il nous faut pour nos textes. C'est pas un de ces petits matheux du club informatique qui va faire ça. Ils sont bien gentils tous ces petits Einstein, mais notre musique, elle se fait pas avec des maths. Seulement avec le bon feeling ![86] Tu comprends ce que je veux dire ? Tu comprends la différence ?

---

86. un feeling : une sensibilité musicale.

CHRISTOPHE   Ouais, j'crois. Ce que tu veux dire c'est que c'est pas un Marc Durand qui peut arriver à faire ça.

MANUEL   Exact.

CHRISTOPHE   Parce que Marc Durand, il habite dans une grande maison, il sait pas ce que c'est d'avoir des problèmes ?! Et puis son père, il a une belle bagnole, lui. Il a un bon travail, ils ont pas de problèmes d'argent dans la famille, et puis quand sa mère, elle ouvre les fenêtres, elle voit des fleurs et pas des poubelles comme chez nous. C'est ça que tu veux dire, hein ? Ce pauvre Marc Durand, il vit pas comme nous, alors il peut pas non plus penser et sentir comme nous hein ?

MANUEL   Ouais.

CHRISTOPHE   Oui mais Marc Durand, c'est pas sa faute si ses parents vivent bien. Et moi je trouve que c'est bien s'il a plus de chance que nous. Et puis, qu'est-ce que ça change pour nous ? Ça nous apprend rien de plus sur Marc ou sur les matheux du club.

MANUEL   Je te vois venir, Toff. Toi, tu veux que je participe au projet. Mais laisse béton. C'est non, non et non ! Je vais pas changer d'avis. Mais M.D., il sait ce que je veux dire. Cette musique… Ça s'explique pas. Qu'est-ce que tu en penses M.D. ? Tu bavardes pas beaucoup, toi. T'es pas comme ces intellos qui font des phrases si longues que tu sais même plus à la fin de quoi ils parlent. Alors, t'as un avis ?

Marc   Ouais. J'pense que c'est cool que tu aimes ma musique, mais y'a un problème... c'est que c'est moi M...

À ce moment là, Salima et Imed arrivent.

SALIMA   Salut Manu ! Ah ! Vous avez déjà fait connaissance ? Alors, comment tu trouves sa musique ? T'as déjà écouté, non ?

MANUEL   Euh... oui, oui. C'est vraiment d'enfer ce qu'il fait. J'adore sa musique. Tu vois, Mémed, ça me donne encore moins envie de participer au projet du prof de maths. La musique qui vient de la rue, il y a que cela de vrai.

SALIMA   Eh Manu, tu sais ce qu'il dit toujours mon père ?

MANUEL   Euh... non.

SALIMA   Il dit qu'il n'y a que les idiots qui ne changent jamais d'avis.

MANUEL   Pourquoi tu me dis ça ?

SALIMA   Ben, parce qu'avec les copains, on t'a fait une petite farce. C'est pas méchant, mais j'espère que tu ne vas pas être fâché.

MANUEL   Mais quelle farce ? Qu'est-ce que tu veux dire ?

SALIMA   Ben, regarde M.D. (*À ce moment-là, Marc enlève sa casquette et regarde Manu bien dans les yeux.*) Alors, tu le reconnais ?

Manuel n'est pas content. La farce ne le fait pas rire du tout.

MANUEL   C'est vraiment idiot ! Si vous pensez me faire changer d'avis, c'est raté ! Sans moi, les copains ! Je vous le dis pour la dernière fois !

Et Manuel veut rentrer chez lui, mais il regarde une dernière fois Marc de la tête aux pieds. Il s'arrête net sur ses baskets. Les chaussettes sont sorties des chaussures et Marc marche dessus sans le savoir. Manuel se met à rire et les copains ne savent pas pourquoi. Il se retourne vers Marc.

MANUEL   T'es peut-être un matheux, mais t'es pas une poule mouillée,[87] Marc. Et en plus, t'as de l'humour. Tu dois être un mec sympa. Mais comment ils ont réussi à t'habiller comme ça ? Je rêve ! Et vous avez fait tout ça juste pour me faire changer d'avis ?

CHRISTOPHE   Ben, oui. On a pas eu d'autre idée… Et puis c'est Salima qui…

MANUEL   Allez Marc, on peut être potes si tu veux. Je sais que ce sont les autres clowns qui ont eu cette idée. Je ne vais pas changer d'avis, mais on peut se serrer la main.

Mais au moment où Marc s'avance vers Manu pour lui donner la main, il glisse sur sa chaussette et tombe. Dans sa chute, il prend la main de Manu qui tombe avec lui. Ils se regardent et éclatent de rire.

---

87. **une poule mouillée :** (familier) une personne peureuse.

MANUEL Ben nous regardez pas comme ça vous autres. Aidez-nous ! Allez, les clowns, c'est bon, vous avez gagné ! Je le fais avec vous ce projet mais il faut me promettre quelque chose.

IMED Quoi Manu ?

CHRISTOPHE Tout ce que tu veux Manu.

MANUEL Vous devez me promettre que Marc ne s'habille plus jamais, mais alors plus jamais comme ça. Ce blouson trop grand, ces chaussettes dans les chaussures… Quelle idée ! Je veux pouvoir me promener dans le quartier avec vous sans que tout le monde se moque de nous ! Alors, j'attends…

MARC C'est pas difficile à promettre, parce que moi, je ne peux pas marcher avec ces chaussures. Regardez !

Marc s'avance et les deux chaussures restent collées par terre. Tout le monde éclate de rire pendant que Marc remet ses baskets.

CHRISTOPHE Promis Manu ! Mais il faut que je me casse maintenant parce que sinon ma mère va s'inquiéter.

MANUEL Mais ta mob est en panne…

CHRISTOPHE Non, non, elle marche très bien, regarde… (*Silence.*) C'est pas vrai, elle est vraiment en panne ! Vous m'aidez à pousser ?

IMED Allez Manu, viens, on va l'aider.

Pendant qu'ils poussent, Salima s'avance vers Marc et lui sourit.

IMED   Bon, allez sœurette, on s'en va !

SALIMA   Attends-moi, j'arrive ! Salut Marc, à demain peut-être.

MARC   Oui, à demain Salima.

MANUEL   (*Il se retourne vers Imed.*) Dis donc Mémed, elle est pas un peu amoureuse ta sœur. Tu as vu ? Elle n'arrête pas de le regarder le Marc. Et lui, sa vue le fait craquer.[88]

IMED   Bon, ça va ! Bien sûr que je l'ai vu.

MANUEL   Et puis Marc, c'est un garçon sérieux, lui.

IMED   Oui, oui, mais Salima, c'est pas ta sœur. Alors tu peux pas comprendre.

MANUEL   Tu t'inquiètes ?

IMED   Non, je m'inquiète pas ! Mais j'ai plus envie d'en parler. Allez Salima, on s'en va maintenant !

Sur le chemin du retour, Imed ne dit pas un mot à sa sœur. Elle ne parle pas non plus. Et ils rentrent tous les deux en silence à la maison.

---

88. **sa vue le fait craquer :** quand Marc regarde Salima, il est attendri, il s'émeut, il est touché.

Une mauvaise blague

Mercredi après-midi au club informatique. Marc et Imed attendent Christophe et Manuel qui doivent passer chez Marc en mobylette chercher son synthétiseur. Mais Christophe et Manuel sont en retard.

IMED   Tu veux lire le texte de Manu ? Je l'ai dans mon sac. On peut commencer un peu à travailler même s'ils ne sont pas encore là les autres.

MARC   Oui, d'accord. (*Marc lit le texte.*) Dis-moi, Imed, c'est qui, Césaire et Fanon ?

IMED   J'sais pas. J'ai posé la même question à Manu.

MARC   Et alors, qu'est-ce qu'il a répondu ?

IMED   Ben... il a dit que ce sont des écrivains. Des écrivains de la révolte ou quelque chose comme ça.

MARC   Ah d'accord ! Des révoltés... un peu comme Manu, quoi ! Et Manu, il a lu les textes de ces écrivains ? Euh... excuse la question, mais il lit Manu quand il n'est pas au collège ?

IMED   Ben, ouais. Il a même plein de livres chez lui. Il adore lire, Manu ! Mais tu le dis à personne, hein ! Ça doit rester entre nous, parce que Manu, il aime pas que je le raconte aux copains. Tu comprends, dans le quartier des Deux Tours, on te donne vite une étiquette. Et les gens qui lisent, aux Deux Tours, on les aime pas trop. Plus tard, il aimerait être journaliste. Et je suis sûr qu'il va y arriver.

MARC   Ah oui, c'est vraiment très bon ce qu'il écrit. Moi, j'aime beaucoup sa chanson !

IMED   Et en plus, il est pas mauvais au collège. Il est même très bon en français. Mais il ne le dit à personne. Il ne parle jamais de ses notes. Parce que tu sais ce qu'on fait quand on voit un premier de la classe qui se promène dans le quartier ?

MARC   Non. Qu'est-ce que vous faites ?

IMED   Ben... on leur pique[89] leur sac et on les lance sur les paniers de basket. Manu, il est super bon pour ça, parce qu'il est très fort au basket. Il prend le sac, et... hop ! En un tour de bras,[90] le sac est sur le panier de basket. Et après, il faut les voir les chouchous[91] de la classe en train de sauter pendant des heures. En plus, souvent, ils ne sont pas bons en sport, alors ils n'arrivent pas à sauter si haut. On en a même vu qui ont fini par aller chercher leur père ou leur grand frère. Mais tu parles,[92] nous on est déjà parti quand ils arrivent...

89. **piquer :** voler.
90. **en un tour de bras :** lancé très vite avec adresse.
91. **un chouchou :** un élève très aimé de son professeur. Péjoratif.
92. **tu parles :** (familier) ici, qu'est-ce que tu crois ?

MARC   Ah, ah, ah ! Mais ça doit pas être très drôle pour ces pauvres premiers de la classe. Mais dis-moi, je ne sais pas trop comment je peux te demander ça mais… je peux te poser une question ?

IMED   Ben oui, tout ce que tu veux.

MARC   Salima et Manu, ils sont très copains ou…

IMED   C'est-à-dire que Manu il aide ma sœur à faire ses devoirs. C'est tout. Pourquoi tu me demandes ça ?

MARC   Oh, comme ça, juste pour savoir, mais…

À ce moment là, Christophe et Manuel arrivent, le visage rouge comme une tomate. Manuel tient un carton. Il est si énervé qu'il n'arrive presque pas à parler.

MANU   Un accident… un accident avec la mob ! On sort de la rue Valendreux… la voiture ne nous voit pas et boum ! Toff klaxonne mais… boum ! C'est le choc ! Excuse Marc, excuse, j'sais pas quoi te dire mais ton synthé… boum, avec la voiture, un accident j'vous dis… on a eu peur mais on n'a rien. Juste le carton… le carton avec le synthé… je le vois encore passer par-dessus la voiture… j'ai pas pu le…

Marc devient aussi rouge que Manuel.

MARC   Quoi, mon synthétiseur ? Vous avez eu un accident avec mon synthétiseur. Mais j'y crois pas ! Dites-moi que c'est pas vrai ! Oh

	là là, j'ai travaillé tout cet été pour pouvoir l'acheter. Oh non, pas mon synthé !
IMED	Attends Marc, attends, c'est peut-être pas si grave…
MARC	Pas si grave ? Tu ne sais pas ce que tu dis ! (*Il prend le carton des mains de Manuel.*) Tu entends ce bruit ? Vous entendez ce bruit d'assiettes ? C'est pas mon synthé ça ! C'est… c'est la catastrophe ! Je veux même pas regarder dans le carton. Mon synthé est en pièces ! Vous entendez ce bruit ? Oh là là ! Mais qu'est-ce que je vais faire ?
CHRISTOPHE	Ben, ouvre le carton, on va essayer de le réparer ton synthé. Ça doit pas être plus difficile qu'une mob !
MARC	Pas plus difficile qu'une mob ? Tu te moques de moi ? En plus, si mon synthé marche comme ta mob, alors on peut dire au revoir au projet ! (*Marc finit par ouvrir le carton et ce qu'il voit n'est pas son synthétiseur.*) Mais, mais… Mais qu'est-ce que c'est que ça ? Ce n'est pas mon synthé. Qu'est-ce que c'est que ces trucs ? Où est mon synthé ? Mais, pourquoi vous rigolez comme des idiots ?
MANUEL	Ah ! Ah ! Ah ! À mon tour de te faire une farce ! T'as eu peur hein ? Mais tu ne crois pas que tu es le seul à pouvoir faire des farces aux autres ! (*Manu sort de la pièce et revient avec un autre carton dans les mains.*) Tiens, le voilà ton synthétiseur, et intact avec ça !
MARC	Mais, le retard… l'accident…

CHRISTOPHE Rien n'est vrai. Et on est en retard parce que ta mère nous a encore offert un coca. Voilà.

MANUEL Et elle est drôlement sympa ta mère !

MARC Oui, oui, peut-être, je sais pas... Vous m'avez fait drôlement peur !

MANUEL C'est ce qu'on voulait ! Bon, mais maintenant, on a peut-être perdu assez de temps. Alors, on travaille les gars ?

IMED Oui, allez, au travail ! Ça va Marc ? Tu vas pouvoir travailler ?

MARC Oui, oui, c'est bon maintenant. Allez, je vais vous montrer comment on peut créer une musique avec l'ordinateur. Et si on n'est pas mauvais, ce soir, on a déjà la musique qu'il faut pour le texte de Manu ou presque. Alors on commence ?

Les quatre copains se mettent au travail. Le soir, la musique est presque prête. Marc rentre chez lui. Il a plein de choses à raconter à sa mère. Jamais elle ne l'a vu aussi content. Mais le soir, dans son lit, Marc repense à la farce de ses nouveaux amis. Et avant de s'endormir, il se promet de ne pas leur laisser le dernier mot. Parce que des farces, lui aussi il sait en faire...

Des raisons de croire

Une semaine plus tard, la musique pour le texte de Manuel est prête. La fin de l'année scolaire est enfin là et le collège va bientôt fermer ses portes pour laisser la place aux vacances d'été. Et au collège, les élèves n'ont déjà plus envie de travailler. Dans deux jours, ils organisent une grande fête de fin d'année. Toutes les classes et tous les clubs du collège préparent un « mega » spectacle. Monsieur Lacotte a proposé à nos quatre jeunes de présenter sur scène leur chanson. Et ils se retrouvent au club informatique pour une dernière répétition.

MARC   Manu, reprends la dernière strophe, tu n'étais pas en rythme avec la musique. Allez on recommence.

IMED   Encore ? Bon, mais on arrête après. On a déjà répété tout ce matin et moi je commence à avoir faim.

TOFF   Oui, moi aussi. Et puis, je pense qu'on est prêt maintenant.

Monsieur Lacotte arrive dans la salle.

M. LACOTTE   Alors les jeunes, ça marche ? Vous n'avez pas trop le trac[93] pour demain ?

---

93. **Vous n'avez pas trop le trac ? :** Peur ou angoisse irraisonnée éprouvée au moment d'affronter le public, de subir une épreuve.

IMED   Non, non. On est super cool encore. Enfin, j'veux dire, on n'a pas encore peur, m'sieur.

M. LACOTTE   Vous avez déjà pensé à un nom pour votre groupe ? Parce que le directeur m'a encore posé la question ce matin. C'est lui qui annonce le programme demain au micro et il est un peu nerveux.

MANU   Ben… on a réfléchi et on est tous d'accord sur un nom.

TOFF   Oui, c'est Manu qui a eu l'idée et nous, on a trouvé super !

MARC   Oui, nous, on a trouvé le nom assez génial, mais vous pouvez peut-être nous donner un avis.

M. LACOTTE   Oui, si vous voulez, mais vous ne m'avez toujours pas dit le nom.

IMED   Ben, on a pensé à quelque chose comme « Quartier libre ».

TOFF   Alors, qu'est-ce que vous en pensez monsieur Lacotte ?

M. LACOTTE   C'est excellent. Je trouve que vous avez eu une très bonne idée. Je peux donc dire à notre directeur que « Quartier libre » va chanter « Vivre ensemble » demain ?

MARC   Oui, oui, exactement. Mais, monsieur Lacotte, à quelle heure on doit être sur scène demain ? Vous le savez ?

M. LACOTTE   Oui, vous n'avez pas vu le programme ? Vous jouez à 14 heures 30, après la classe de quatrième B. Ce sont des filles qui font de la danse.

MANU   Eh Mémed, la quatrième B, c'est pas la classe de ta sœur ? On joue après Salima alors ?

IMED   Ben, oui.

M. LACOTTE   Bon, je vous laisse, les jeunes. On se voit demain. Allez, bonne chance et ne vous inquiétez pas, vous êtes « super » !

TOFF   Merci, m'sieur ! À demain.

Monsieur Lacotte est déjà à la porte lorsque Manu l'appelle une dernière fois. Monsieur Lacotte se retourne.

MANU   Monsieur Lacotte !

M. LACOTTE   Oui, Manuel, qu'est-ce qu'il y a ? J'ai oublié quelque chose ?

MANU   Ben… C'est-à-dire que… Avec les copains, on n'a pas eu encore le temps mais…

MARC   Ben… On n'a pas encore eu le temps de vous dire merci. Et si on a pu faire tout ça, c'est grâce à vous, alors…

M. LACOTTE   Merci ? Mais c'est à moi de vous dire merci. Vous avez vraiment bien travaillé ! Et puis, vous savez, dans notre métier, il y a des bons moments mais il y a aussi des moments très difficiles… Je vais vous dire quelque chose. Mais ça reste entre nous ?

TOFF   Oui, oui, bien sûr !

M. LACOTTE   Et bien vous savez, quand on est un jeune prof, on a plein d'idées, plein de projets, on veut changer le monde…

MANU   Une révolution ?

M. LACOTTE   Et bien oui, en quelque sorte. Et puis les années passent, le métier n'est pas toujours facile et on perd un peu ses rêves de prof. Et vous savez, avec vous, je les ai retrouvés mes rêves. Vous m'avez fait un très beau cadeau avec votre travail. Je continue de croire aux jeunes et vous me donnez raison d'y croire. Avec vous, on a vraiment envie d'y croire. Alors merci à vous.

Il sourit et s'en va. Les quatre jeunes se regardent sans dire un mot.

MANU   Vous avez entendu les gars ? Il est vraiment sympa le prof de maths ! Allez, il faut qu'on répète encore une fois. On ne doit pas être mauvais demain. Allez, Marc, on reprend le début, et un, et deux, et un, deux, trois, quatre…

Manuel, Marc, Imed et Christophe répètent encore presque une heure dans le club informatique puis ils rentrent tous chez eux. Dans leur chambre, ils repensent tous aux paroles de monsieur Lacotte… « Raison d'y croire… ». Manu a presque envie d'en faire une nouvelle chanson. Mais demain, c'est le grand jour et le trac commence à monter.

Quartier libre

Le lendemain. La fête a déjà commencé. Le rideau vient de se lever sur le groupe de danse de la quatrième B. Derrière la scène, Manuel, Christophe et Imed sont énervés. Marc n'est pas encore là et ils le cherchent partout.

MANUEL Alors Toff, tu as vu Marc ?

CHRISTOPHE Non, et toi Imed, tu as téléphoné chez lui ?

IMED Oui, mais y a personne chez lui. J'y comprends rien. Mais où est-ce qu'il peut bien être ?

MANUEL Moi je viens de voir sa mère dans le public, mais elle ne sait pas non plus où il est.

Monsieur Lacotte arrive.

M. LACOTTE Attention les jeunes, c'est à vous dans deux minutes. Mais oh là là, vous êtes bien énervés ! Alors vous avez le trac ?

MANUEL Non, on n'a pas le trac, mais on trouve pas Marc. Et puis c'est bien ce que j'ai dit, avec ces fils à pap…

À ce moment-là, Marc arrive.

MARC Salut les gars! Excusez-moi. Je suis en retard, mais il y a un problème…

IMED Un problème ? Quel problème ? On doit être sur la scène dans une minute, alors qu'est-ce qu'il y a ?

MARC C'est mon synthé, il est en panne !

MANUEL Et voilà ! En panne ! Bon, ben les gars, on peut dire au revoir à la scène et au concert, parce que sans musique… (*Il se retourne vers Christophe et Imed.*) Alors, quand je vous le dis ! Ces fils à papa, tous les mêmes !

À ce moment-là on entend des applaudissements dans la salle. Le directeur prend le micro et commence à annoncer « Quartier libre ». Salima sort de derrière le rideau.

SALIMA Allez, c'est à vous maintenant. (*Elle fait un grand sourire à Marc.*) Ben, qu'est-ce qui se passe ? Vous avez le trac ? Vous êtes pas gais ! Allez, bonne chance ! Ne vous inquiétez pas. Tout va bien se passer.

Imed veut lui parler mais il n'a pas le temps. C'est à eux maintenant !

M. LACOTTE Bon, et bien il ne reste qu'une solution. Vous allez chanter à cappella.[94] Allez, tout va bien se passer. C'est à vous.

Et il pousse Manu, Imed et Toff sur la scène. Manu se retourne.

MANUEL À cappella ? Mais…

---

94. **à cappella :** (italien) chanter sans accompagnement instrumental.

Mais il est déjà trop tard. Les applaudissements sont de plus en plus forts dans la salle. Ils ne peuvent plus reculer. Ils sont déjà sur la scène et le rideau est levé. Les trois amis se re-gardent. Manuel a l'impression qu'il ne peut pas chanter. Il est énervé. Il a le trac. Mais il ne veut pas décevoir Monsieur Lacotte. Il repense à ses paroles « avoir raison d'y croire... ». Il retrouve son courage et commence à compter... Mais à ce moment-là, il entend le rythme du synthétiseur de Marc. Il se retourne... Et Marc est là, devant son synthé. Il lui fait un clin d'œil et lui dit tout bas...

MARC   Cette fois, c'est vous qui avez eu peur, hein ? Allez, faites pas ces têtes-là,[95] je vous ai fait une farce... Alors on y va ? Vous entendez pas le public ?... Et un, et deux, et un, deux, trois, quatre...

Tous se mettent à chanter. Monsieur Lacotte est derrière le rideau et les regarde avec une grande fierté. Le succès est immense. Les qua-tre jeunes n'arrivent pas y croire. Toute la salle les applaudit. C'est formidable ! Le rideau se referme. Manuel, Imed et Christophe n'ar-rivent pas à croire à leur succès.

IMED   Vous les avez entendus, vous les avez en-tendus dans la salle ? Je rêve !

CHRISTOPHE   C'est super ! Tu vois Manu, ils l'adorent ta chanson ! Et avec la vidéo, ça va être génial !

---

95. **faites pas ces têtes-là :** dans cette phrase, « tête » se réfère à l'expression du visage. L'expression signifie « ne vous fâchez pas pour si peu ! ».

MARC   Ouais, et en plus, mon père a un caméscope et je suis sûr qu'il peut nous le prêter pendant les vacances.

IMED   J'ai déjà quelques idées pour la vidéo. Je vais vous expliquer si vous voulez, mais venez, on va dans la salle pour voir les autres. Tu viens Marc ? Marc !… Où est Marc ?

MANUEL   Là-bas, regarde. Il est avec ta sœur. Ils discutent, je crois.

Un peu plus loin.

SALIMA   Bravo ! Vous avez eu beaucoup de succès ! Vraiment géniale la musique… C'est toi qui l'a créée ?

MARC   Oui, mais les autres m'ont beaucoup aidé. Et puis le texte de Manu est vraiment super. Alors c'est pas difficile de trouver une musique.

SALIMA   C'est vrai, il est super Manu ! Bon, moi je vais me chercher un coca. Tu veux venir avec moi, Marc ?

À ce moment-là, Christophe arrive et veut aller boire un coca avec Salima et Marc. Mais Imed l'arrête.

IMED   Attends, Toff ! Laisse-les seuls ! Ils doivent avoir des trucs à se dire.

CHRISTOPHE   T'es sûr ?

IMED   Oui, oui. Et puis je ne m'inquiète pas. Salima est avec Marc et c'est un chouette type Marc. Hein Manu ?

MANUEL	Oui, c'est un mec sympa. J'ai eu tort... Il est vraiment bien. Et c'est vous qui me l'avez fait comprendre. Alors merci les gars.
IMED	De rien. On est là pour ça !
CHRISTOPHE	Ouais, bon, ben on va pas commencer à pleurer comme des fillettes ! Et puis, c'est bientôt les vacances !
IMED	Oui, t'as raison. Et puis on va pas s'ennuyer pendant les vacances, c'est moi qui vous le dis.
MANUEL	Pourquoi tu dis ça ?
IMED	D'abord parce qu'on a la vidéo à préparer et puis parce que j'ai promis à Marc de lui apprendre à lancer les sacs sur les paniers de basket...
CHRISTOPHE	C'est pas vrai ! Tu ne lui as pas raconté ce qu'on fait aux premiers de la classe ?
IMED	Si !
MANUEL	Et qu'est-ce qu'il t'a répondu ?
IMED	Tu ne vas pas me croire.
CHRISTOPHE	Ben... raconte toujours !
IMED	Il m'a répondu : « Super cool ! » Et il a levé son pantalon et il m'a montré ses nouvelles baskets et il a ajouté : « Mate mon look d'enfer ! C'est ma mère qui me les a achetées. Et avec ça, M.D., il peut courir aussi vite que vous si jamais un grand frère se pointe »[96] et il est parti.
MANUEL	Il t'a dit ça ?

---

96. **se pointer :** (familier) arriver.

IMED   Ouais. Allez, vous venez, on va voir les autres groupes ?

MANUEL ET
CHRISTOPHE   Attends-nous, on arrive !

Madame Durand a vu Monsieur Lacotte et va vers lui pour lui parler. Mais il discute avec une autre maman.

MME DURAND   Monsieur Lacotte ?

M. LACOTTE   Ah ! Madame Durand ! Alors, qu'est-ce que vous en pensez de nos jeunes ? Épatants[97] non ?

MME DURAND   Oh oui, extras ! Et c'est grâce à vous, et à votre projet. On peut vous dire un grand merci !

M. LACOTTE   Merci ?

MME DURAND   Oh oui ! Merci, merci, merci ! Vous savez, depuis le projet, Marc est transformé. Il est si gai, si différent. Il a de nouveaux amis. On ne le voit presque plus à la maison ! Et puis il est de nouveau bavard. Il nous raconte ce qu'il fait, ce qu'il a envie de faire. Il a plein de projets en tête. Vraiment, merci Monsieur Lacotte pour tout votre travail.

M. LACOTTE   Mon travail ? Vous savez madame Durand, moi je n'ai rien fait ! Ce sont les jeunes ! Ils sont formidables nos jeunes ! Il suffit de croire en eux, oui, c'est cela, il suffit seulement d'y croire parfois. Et puis, quelle énergie !

---

97. épatant : (familier) excellent, formidable. Mot démodé qui est parfois utilisé par des adultes ou des personnes âgées.

MME DURAND C'est vrai Monsieur Lacotte. Mais souvent, nous, parents, entre le travail, la maison, les problèmes, on oublie un peu de leur montrer ou de leur dire à nos jeunes qu'on les trouve formidables. Ils nous ont donné une belle le-çon aujourd'hui.

M. LACOTTE Une belle leçon... Oui. Et des élèves qui donnent une leçon à leur professeur, c'est drôle, non ?

Après la lecture

Aux Deux Tours

1. Imed se sent responsable de sa petite sœur.
   Qu'est-ce que tu en penses ? Est-ce que dans ta
   famille, entre frère(s) et sœur(s), il existe ce type
   de relation ?

2. Certains mots de cette scène 5 à 7 sont d'origine
   anglaise. Lesquels ?

Toi et ton ordinateur !

3. Mots croisés.

    1. Le père de Mémed travaille à … .
    2. … , deux, trois, quatre. — Marc, … as fait tes devoirs ?
    3. La mère de Mémed n'est pas au … . Elle a un nouveau travail.
    5. La … de français est malade.
    6. je suis, tu es, … est
    7. Le nom du groupe, c'est « Quartier … ».
    8. Il dépense tout son argent de poche pour son ordinateur.
    9. Il a écrit un nouveau texte.
    10. il/elle … (lire, au présent)
    11. il/elle … (avoir, au présent)
    12. Le nom que Marc donne dans son ordinateur.
    14. Le quartier des Deux Tours, c'est dans la … de Paris.
    a. Manuel ouvre la fenêtre … rez-de-chaussée.
    b. Marc pense seulement à son … .
    d. Manu, tu viens ? … vais faire des courses.
    e. C'est le frère de Salima.
    f. La … de Toff est toujours en panne.
    g. Les Deux Tours, c'est le nom d'un … .
    h. La prof de français est malade. Toff ne va pas au … .
    i. C'est l'… et bientôt les vacances.
    j. Le vrai nom de Toff c'est … .

	1	2	3	4	5	6	7	8	9	10	11	12	13	14
a			■	■		■				■			■	
b			■		■									■
c		■				■		■		■				
d					■			■					■	
e		■					■				■			
f				■						■		■		
g						■			■		■			
h				■		■								
i			■		■	■		■			■		■	
j	■		■	■										

4 . Et toi, tu te considères aussi un accro des ordinateurs ? Pour quelles raisons ? Dans la vie de tous les
jours, à quoi te sert l'informatique ?

5 . Que fais-tu le plus, t'amuser avec des amis ou t'amuser tout(e) seul(e) ? Quels sont les avantages et les in-
convénients de chaque situation ?

	Avantages	Inconvénients
M'amuser avec mes copains	*c'est cool parce que...*	*c'est pas toujours bien parce que...*
M'amuser tout(e) seul(e)	*j'aime bien parce que...*	*j'aime pas trop parce que...*

6. D'après le texte, associe les débuts de phrases du bloc de gauche avec les fins de phrases du bloc de droite. Attention, certaines deuxièmes parties de phrase sont fausses et ne correspondent à aucun sujet !

Christophe...

Manuel...

Marc...

Imed...

1. dit dans sa chanson que son seul pays est la France.

2. surnomme Manuel, Einstein.

3. a écrit les paroles et la musique d'une chanson.

4. a une sœur.

5. lit son texte avant que ses amis fassent la critique.

6. pense que la famille de Marc est riche.

7. dénonce le racisme.

8. croit que Marc adore ABBA et Aérosmith.

9. compare ses sentiments à un ascenseur.

Le plan de Monsieur Lacotte

7. Est-de que dans ton pays, les professeurs ont l'habitude de rencontrer les parents ? Pourquoi veulent-ils leur parler? De quoi parlent-ils?

Une dispute

8. Réécris chaque phrase en langage standard.

a. Le texte de Manuel est super chébran.

....

b. Les mecs veulent se casser au bahut pour tirer des paniers.

....

c. Le dirlo ne bluffe pas.

....

d. Didier, c'est pas un intello, mais un matheux.

Un projet commun

9. Est-ce qu'il t'est déjà arrivé d'aller à l'école ou au collège quand il n'y avait pas cours ? C'était à quelle occasion ? Qu'est-ce que tu as fait ?

10. Pourquoi Manuel est-il réticent au projet du club informatique, avec Marc et le professeur de mathématiques ?

Rien à faire ?

11. Quand tu ne connais pas une personne, est-ce que son look te permet d'avoir une opinion sur elle? Pourquoi?

12. Que penses-tu de l'idée de Salima de changer l'apparence vestimentaire et la façon de parler de Marc ?

Enfin un nouveau look !

13. En tenant compte de l'histoire du livre, associe les débuts de phrases de gauche avec les fins de phrase de droite.

	1. veut voir la réaction de Mme Durand.
a. Marc	2. est un véritable ami de M.D.
	3. ne reconnaît pas son fils.
b. Mme Durand pense que Marc	4. pense que Mme Durand est sympa.
	5. a reçu de la visite.
c. Christophe	6. ne doit pas construire de phrases longues.
	7. est au club informatique.
d. Mme Durand	8. veut faire croire qu'il s'appelle M.D.
	9. est devenu « chébran ».

Surtout pas changer d'avis

14. Que penses-tu de l'opinion de Christophe qui mépi se Marc parce que sa famille est plus aisée que la sienne ? Croit-il que la vie de Marc est plus facile que la sienne ?

15. Que penses-tu de l'attitude de Manuel qui défend Marc en disant que ce n'est pas parce qu'il n'a pas leurs difficultés qu'il ne peut pas sentir et penser comme eux ? Es-tu de son avis ? Pourquoi ?

16. Crois-tu que l'amitié naît plus difficilement entre une personne riche et une personne pauvre qu'entre deux personnes de richesse équivalente ? La richesse a-t-elle de l'importance dans les relations amicales ? Pourquoi ?

17. Est-ce que tu as déjà changé d'opinion sur une personne après avoir fait sa connaissance ? Qu'est-ce qui s'est passé pour que ça change ?

Une mauvaise blague

18. Pourquoi Manuel ne veut pas que les jeunes de son quartier sachent qu'il aime lire des livres, qu'il est bon étudiant, même « premier de la classe » ? Quelle est ton opinion sur l'attitude de Manuel ?

19. Lire est-ce un plaisir ou un devoir ? Qu'est-ce que tu aimes lire ? Quel genre de livres détestes-tu ? Que penses-tu de la science fiction, des biographies, de la bande dessinée, etc. ?

20. Y a-t-il un objet auquel tu tiens particulièrement ? Si un ami te demande de le lui prêter, acceptes-tu ? S'il te l'abîme, comment réagis-tu ?

Des raisons de croire

21. Le nom du groupe « Quartier libre » est-il chouette ? Pourquoi les personnages l'ont-ils choisi ? Qu'est-ce que ça veut dire ?

Quartier libre

22. Que penses-tu de la blague de Marc ? Est-elle de bon goût ? Imagine-toi à la place de Manuel, Christophe et Imed. Comment réagis-tu ?

Solutions

3.

	1	2	3	4	5	6	7	8	9	10	11	12	13	14
a	D	U			P		L		M			R		
b	U	N		O	R	D	I	N	A	T	E	U	R	
c	N		C		O		B		N			L		B
d	K		H		F		R		U		J	E		A
e	E		O			M	E	M	E	D		R		N
f	R		M	O	B			A	L		A			L
g	Q	U	A	R	T	I	E	R						I
h	U		G			L		C	O	L	L	E	G	E
i	E	T	E							I				U
j		U			C	H	R	I	S	T	O	P	H	E

6. Christophe : 2, 6 ; Manuel : 5, 9 ; Imed, 4. Marc n'est le sujet d'aucune phrase. Les parties 1, 3, 8 sont fausses et n'admettent aucun sujet.

8. a. Le texte de Manuel est très à la mode.

b. Les garçons veulent partir au collège pour jouer au basket.

c. Le directeur ne ment pas.

d. Didier, ce n'est pas un élève qui aime beaucoup étudier, mais il est bon en maths.

13. a. 5, 7, 8 ;   b. 2, 6 ;   c. 1, 4 ;   d. 3.

Table des matières